كِتابي صَدي

بِقَلَم: مَحْمود جَعْفَر

بِريشَة: بان باتار

Collins

Collins
BIG CAT
حُروفي

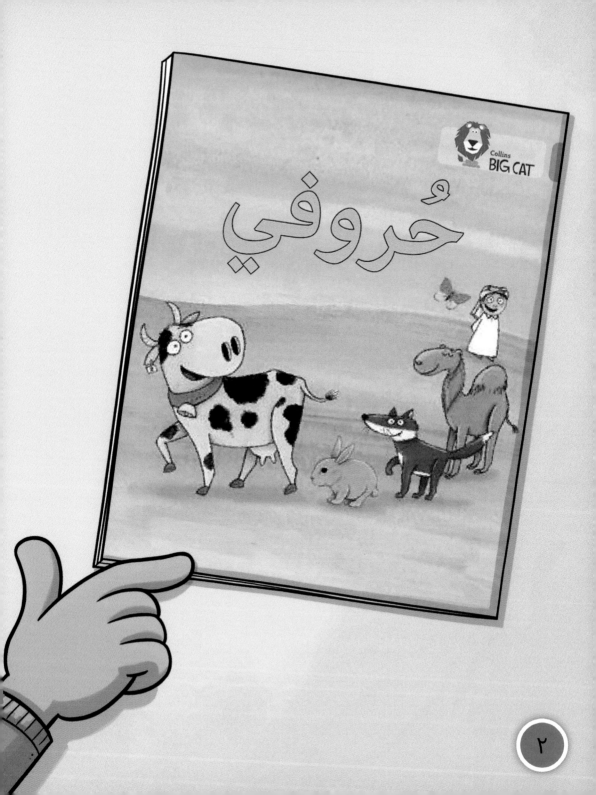

كِتابي

ف

ق

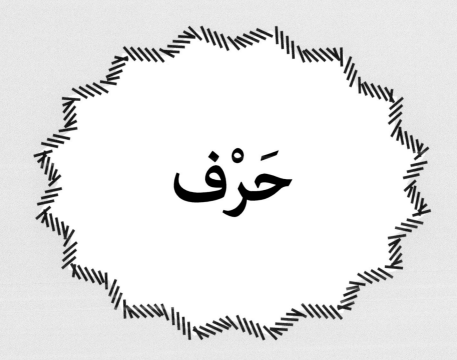

حَرْف

ك

فَـراشَـة

قِـطَّـة

كَلِمَة

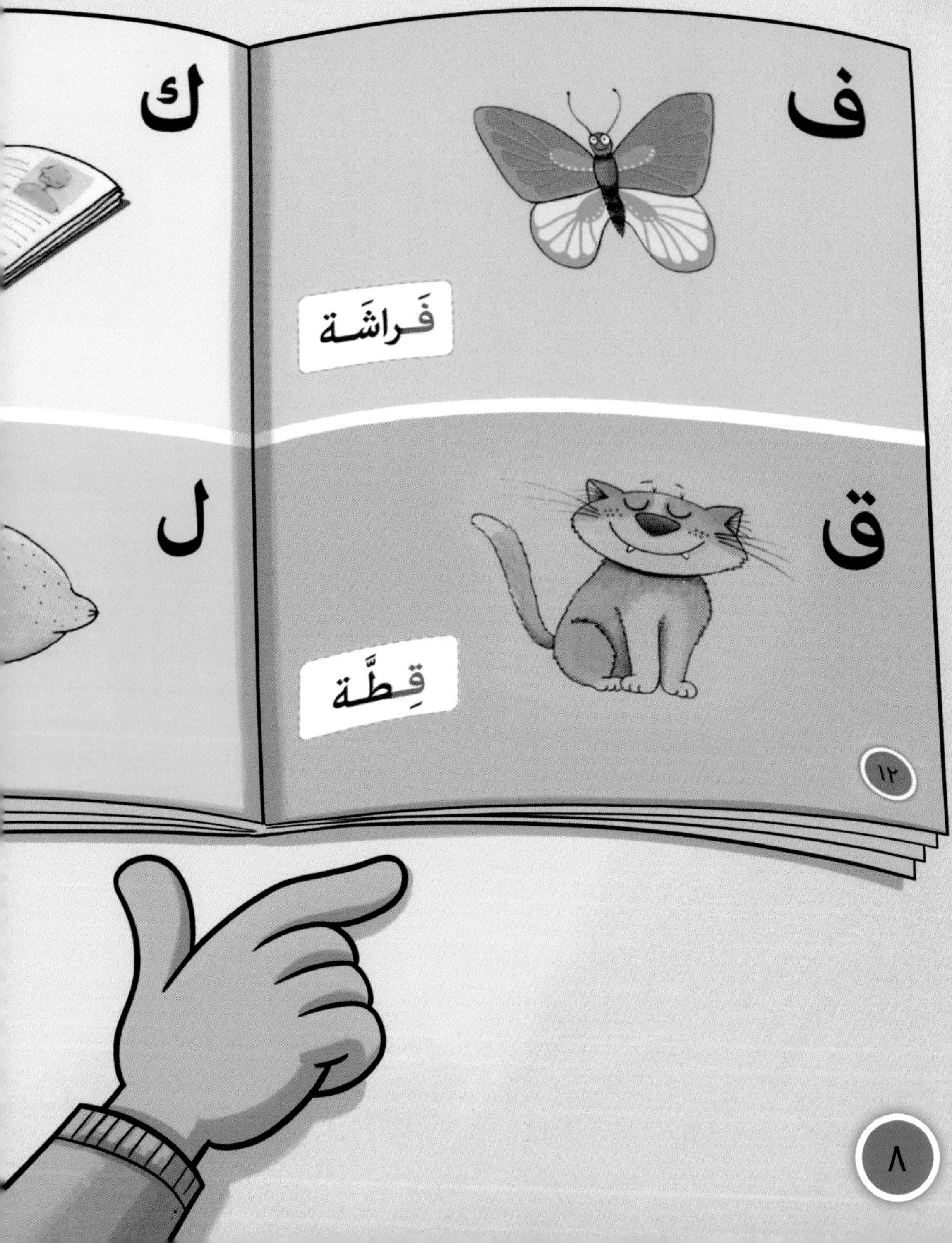

ك
ف
فَراشَة
ل
ق
قِطَّة

صَفْحَة

أَلْوان

حُروفي

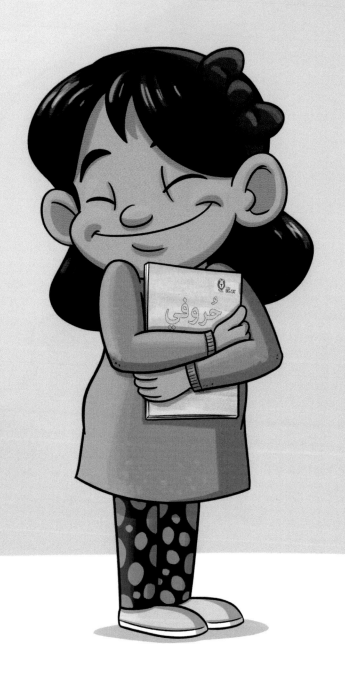

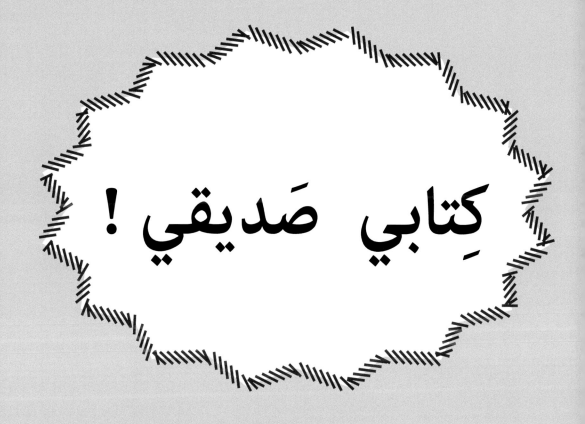

كِتابي صَديقي !

كِتابي صَديقي

أفكار واقتراحات

الأهداف:

- متابعة نصّ وصفيّ بسيط.
- قراءة كلمات تامّة.
- التعرّف على مكوّنات الكتاب: الغلاف، الصفحة، الكلمة، إلخ.
- التعرّف على صيغة الملكيّة.

روابط مع الموادّ التعليميّة ذات الصلة:

- مبادئ التعرّف على مفهوم النفس/الذات.
- مبادئ التهجئة.
- التعرّف على مبادئ الأنشطة اليدويّة.

مفردات شائعة في العربيّة: كتاب، صديق

مفردات جديرة بالانتباه: حرف، كلمة، صفحة

عدد الكلمات: ٩

الأدوات: ورق، أقلام رسم وتلوين

قبل القراءة:

- تعالوا ننظر معًا إلى صورة الغلاف الأماميّ. ماذا ترون على الغلاف؟
- ماذا تفعل هذه الطفلة؟ هيّا نقرأ العنوان معًا.
- كم مرّة تكرّر حرف الياء في العنوان؟ لِنشر إليه بأصابعنا.
  ما هي أهمّيّة هذا الحرف حين نراه في نهاية بعض الكلمات؟
- انتبهوا إلى هذه العلامة (!)؛ ما اسمها؟ متى نراها؟ ما معناها؟

أثناء القراءة:

- أوّلًا، سنقرأ الكتاب معًا، ونشير إلى الكلمات.